A. Massenkeil, P. Panesar

Modellierspaß aus Fimo

Schneekugeln

ENGLISCH VERLAG

Die Deutsche Bibliothek – CIP-Einheitsaufnahme
Schneekugeln: Modellierspaß aus Fimo / A. Massenkeil, P. Panesar. – Wiesbaden: Englisch, 1999
ISBN 3-8241-0891-7

ISBN 3-8241-0891-7

Fotos: Frank Schuppelius
Printed in Spain

Inhaltsverzeichnis

Vorwort

Schneekugeln – vielleicht denken Sie dabei auch zuerst an die Auslagen der Souvenirläden, wo diese kleinen Welten hinter Glas häufig zu finden sind.

Ob Figuren oder Landschaften, die in die Kugeln eingeschlossen sind, sie alle tauchen in ein Schneegestöber, wenn man die Glasbehälter kurz schüttelt.

In diesem Buch möchten wir Ihnen zeigen, wie Sie Ihre eigene Schneekugel selbst phantasievoll gestalten können. Dazu braucht man nur eine Kugel, etwas Modelliermasse und ein paar freie Stunden. Schaffen Sie sich doch eine idyllische Frühlingslandschaft, die eigene Trauminsel oder fertigen Sie eine einfallsreiche Eintrittskarte für den Theaterbesuch an. Es gibt unzählige Möglichkeiten und Anlässe, um Schneekugeln für sich oder für Freunde und Verwandte zu gestalten. Wir würden uns freuen, wenn Sie sich von den hier vorgestellten Motivideen zu Neuem anregen ließen.

Viel Spaß wünschen Ihnen

Angelika Massenkeil und Pammi Panesar

Material und Arbeitsgeräte

Zur Herstellung der vorgestellten Schneekugeln benötigen Sie folgende Materialien und Hilfsmittel:

- Modelliermasse Fimo, die in unterschiedlichen Farben im Hobbyfachhandel erhältlich ist. Beachten Sie für die Verarbeitung und das Härten im Ofen die Hinweise des Herstellers!
- Schneekugeln (Traumkugeln) in unterschiedlichen Größen sowie mit ovaler oder runder Bodenplatte, ebenfalls im Hobbyfachhandel erhältlich
- Klebstoff für Schneekugeln
- destilliertes Wasser zum Füllen der Kugeln
- Konservierungsmittel, um eine Trübung des Wasser zu verhindern
- kleiner Trichter zum Einfüllen des Wassers
- Spülmittel
- lose Dekorteile in Form von Schnee, Glitter, Gold- und Silberfäden und goldenen Sternen
- kleine Muscheln (für „Schatzsuche“)
- Schmuck aus Kunststoff (für „Schatzsuche“ und „Weihnachten“)
- Bindfaden in Schwarz (für „Fischenden Eskimo“)
- Glasplatte als Arbeits- und Backunterlage
- Glasflasche oder Teflonrolle zum Ausrollen der Modelliermasse

- spitzes Küchenmesser zum Ausschneiden der Fimo-Teile
- Modellierset aus Kunststoff zum Formen der Motive
- fester Karton für Schablonen
- Stricknadeln zum Modellieren
- Knoblauchpresse, die nicht mehr gebraucht wird, zum Formen der Haare
- Zahnstocher

Grundanleitung

Bevor Sie Ihre Motive formen, müssen Sie berücksichtigen, dass die Figuren im Wasser und unter der gewölbten Acrylglashaube fast doppelt so groß erscheinen, wie sie in Wirklichkeit sind. Die gewölbte Haube und das Wasser bewirken eine **optische Vergrößerung**. Hält man beispielsweise ein Messer in ein mit Wasser gefülltes Glas, wirkt die Spitze deutlich breiter.

Deshalb sollten die Fimo-Motive auch nur so groß modelliert werden, dass zwischen ihnen und der Glashaube noch 1 bis 2 cm Spielraum bleibt.

Fimo sollten Sie vor der Weiterverarbeitung **gut durchkneten**. Am besten lässt sich Fimo in kleinen Portionen kneten. Schneiden Sie ein kleines Stück vom Block ab und rollen Sie die Masse zwischen den Handflächen zu einer Kugel und dann zu einer Wurst, damit sie weich und elastisch wird. **Fimo-Reste** bleiben in einer Blechdose lange haltbar.

Zuerst wird die **Grundplatte** hergestellt, auf der dann das Modell aufgebaut wird. Dazu wird das durchgeknetete Fimo auf einer Glasplatte 2-3 mm dick ausgerollt. Da die Schneekugel nicht mit ungehärtetem Fimo in Berührung kommen sollte, fertigt man am besten eine Schablone aus Karton in der Größe der inneren Bodenfläche an, legt diese auf das Fimo und schneidet mit einem spitzen Küchenmesser entlang der Außenkante der Schablone die Grundplatte aus. Die Rille, die um den Boden der Schneekugel verläuft, muss zum späteren Einfügen der Glashaube frei bleiben. Außerdem muss für die Einfüllöffnung ein Loch ausgestochen werden.

Um **Figuren** zu **modellieren**, werden Kugeln und Rollen unterschiedlicher Größe und Stärke aneinander gesetzt. Textilien wie Kleider oder Decken werden aus ganz dünn ausgerolltem Fimo hergestellt und können in Falten gelegt werden. Um Haare zu formen, wird Fimo durch eine Knoblauchpresse gedrückt. Modelliermassen eines Härtebereiches können miteinander gemischt werden. Entweder können zwei Fimoblöcke unterschiedlicher Farbe so lange zusammen geknetet werden, bis ein neuer Farbton entstanden ist oder es werden zwei Rollen unterschiedlicher Farbe ineinander gedreht und nicht vollständig verknetet, sodass die Masse dann wie **marmoriert** aussieht.

Vor dem **Härten im Backofen** sollten die modellierten Teile zunächst 30 Minuten an der Luft antrocknen. Die erforderliche Ofentemperatur und die Härtungszeit sind auf der Verpackung der Modelliermasse angegeben. Bitte beachten Sie die Hinweise des Herstellers genau, weil bei zu hohen Temperaturen die Schleimhäute durch entstehende Dämpfe gereizt werden und an ihrem Modell außerdem unerwünschte Farbveränderungen auftreten könnten. Wird die nötige Temperatur un-

terschritten, erhöht sich die Bruchempfindlichkeit. Zum Härten im Backofen wird die modellierte Figur auf der Glasplatte belassen. Nach dem Härten wird das abgekühlte Fimo-Modell mit einem Messer vorsichtig von der Glasplatte gelöst.

Beim **Zusammenfügen der Schneekugel** wird zunächst die Fimo-Grundplatte deckungsgleich in den Schneekugelboden eingesetzt und festgeklebt. Dabei ist zu beachten, dass das Loch in der Grundplatte auf der Öffnung im Kugelboden zu liegen kommt. Nach 1 Stunde kann dann die Haube am Boden festgeklebt werden. Dazu wird Klebstoff in die Rille gefüllt, die um den Kugelboden verläuft, die Haube anschließend mit einer leichten Drehbewegung eingepasst und angepresst.

Während des Klebens und des 5-stündigen Trocknens sollte die Kugel auf einer waagerechten Unterlage stehen bleiben.

In die getrocknete **Kugel füllen** Sie ein Gemisch aus destilliertem Wasser und Konservierungsmittel. Das Mischungsverhältnis entnehmen Sie der Packungsbeilage des Konservierungsmittels. Um ein Verklumpen der Dekorteilchen zu vermeiden, werden diese vor dem Einfüllen in die Kugel in einem Glas mit etwas destilliertem Wasser und einem ½ Teelöffel Spülmittel verrührt.

Der Hersteller verweist in seiner Begleitinformation zu den Schneekugeln darauf, dass das **Wasser von Zeit zu Zeit** zu **erneuern** ist, falls es eintrübt oder verdunstet.

Schritt-für-Schritt-Beispiel

Anleitung:

1. *Grundplatte herstellen und einpassen*
Kneten Sie zunächst den Fimoblock, aus dem die Grundplatte hergestellt wird, gut durch, bis die Masse weich und gut formbar ist. Rollen Sie dann das Fimo auf einer Glasplatte oder auch auf einem Resopalbrettchen in einer Stärke von 2 - 3 mm aus. Fertigen Sie eine Schablone aus Karton in der Größe der inneren Bodenfläche an, legen Sie diese auf das Fimo und schneiden Sie entlang der Schablonenaußenkante die Platte aus. Die Rille, die um den Boden verläuft, lassen Sie unbedingt frei!

2. ***Formen der einzelnen Motivteile***

Der Körper des Hasen besteht aus einer dicken Kugel, eine kleinere Kugel dient als Kopf, vier kleinen Kugeln werden für die Beine benötigt und eine etwas größere Kugel für das Schwänzchen. Um die Ohren zu formen, werden zwei Kugeln aus Fimo langgezogen und etwas platt gedrückt.

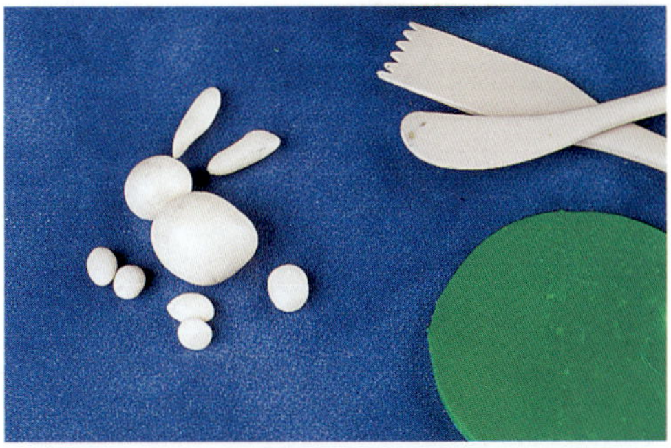

Fügen Sie an den Hasenkörper die übrigen Teile mit leichtem Druck an und verstreichen Sie die Verbindungen etwas mit einem Modellierstäbchen.

Die Augen und die Nasenlöcher können Sie mit einem Zahnstocher andeuten, indem Sie vorsichtig kleine Vertiefungen in die Masse drücken.

Die Blätter werden auch aus einer Kugel gebildet, die flachgedrückt und an einem Ende mit Daumen und Zeigefinger spitz geformt wird. Eine Rosenblüte fertigt man aus einer dünnen Fimo-Rolle, die flach gedrückt und dann aufgerollt wird.

Setzen Sie den Hasen sowie die kleinen Blätter und Blüten auf die grüne Grundfläche und drücken Sie sie vorsichtig mit der Spitze des Modellierstäbchens an.

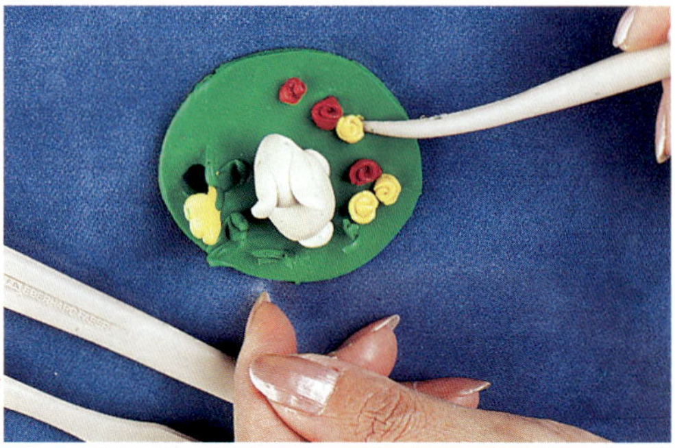

3. *Härten des Motivs und Zusammenfügen der Kugel*

Lassen Sie Ihr Motiv nun ½ Stunde an der Luft trocknen. Dann wird der Hase auf der Glasplatte in den Ofen gestellt. Ofentemperatur und Härtezeit sind auf der Verpackung der Modelliermasse angegeben.

Nach dem Auskühlen kleben Sie die Fimo-Platte mit dem Hasenmotiv am Boden der Schneekugel an. Nach 1 Stunde können Sie die Haube mit Klebstoff befestigen. Dazu wird der Klebstoff in die Rille gefüllt, die um den Kugelboden verläuft. Lassen Sie die Kugel beim Kleben auf einer geraden Fläche stehen.

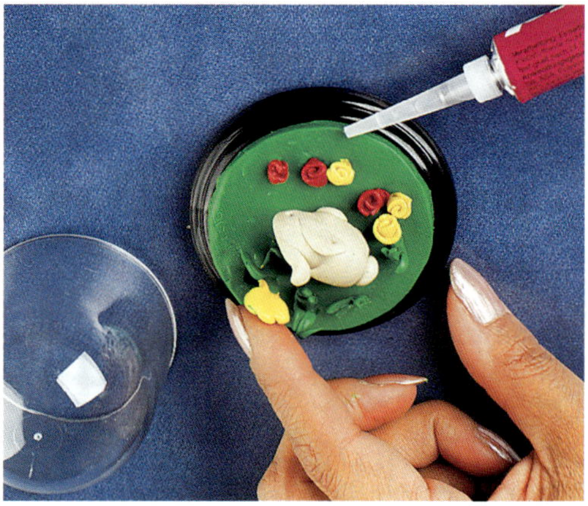

4. *Füllen der Kugel*

Frühestens nach 5 Stunden darf die Kugel mit Wasser gefüllt werden. Beachten Sie dabei auch die vorangegangene Grundanleitung.

Zum Einfüllen wird die Schneekugel leicht schräg in eine passende Tasse gestellt, sodass sich die Füllöffnung am höchsten Punkt befindet. Nun wird mit Hilfe eines kleinen Trichters das destillierte Wasser fast bis oben hin eingefüllt und abschließend die Dekorteilchen mit dem Wasser-Spüli-Gemisch dazugegeben, bis sich keine Luft mehr in der Kugel befindet.

Hase im Blumenbeet

Material:

- 1 runde Schneekugel, Ø 107 mm, 80 mm hoch, schwarzer Boden
- Fimo in Weiß, Gelb, Hellgrün, Grün, Orange, Rot, Beige und Braun
- Perlmuttglitter
- 1 Tropfen Spülmittel
- Gemisch aus destilliertem Wasser und Konservierungsmittel

Anleitung:

Die Herstellungsweise dieses Fimo-Motivs ist in der vorangehenden Schritt-für-Schritt-Beschreibung erläutert worden. Beachten Sie beim Füllen der Kugel auch die Hinweise in der Grundanleitung.

Am Teich

Material:

- 1 runde Schneekugel, Ø 85 mm, 100 mm hoch, weißer Boden
- Fimo in Weiß, Gelb, Moosgrün, Hellblau, Rosa, Pink, Hellbraun und Braun
- Perlmuttglitter
- 1 Tropfen Spülmittel
- Gemisch aus destilliertem Wasser und Konservierungsmittel

Anleitung:

Stellen Sie die 2-3 mm starke Grundplatte aus moosgrünem Fimo her. Rollen Sie hellblaues Fimo ganz dünn aus, schneiden Sie als Teich ein Oval aus, das etwas kleiner als die Grundplatte ist und legen Sie es auf die moosgrüne Grundplatte. Die Teichumrandung wird aus kleinen Kugeln aus weißem und braunem Fimo gebildet. Die drei weißen Enten bestehen jeweils aus einer kleinen Kugel als Kopf, einer etwas langgezogenen Kugel, die als Leib dient, und zwei flachen Ovalen als Flügel. An den Kopf wird ein kleiner Kegel aus gelbem Fimo als Schnabel angesetzt und als Augen mit einem Zahnstocher zwei kleine Löcher gebohrt. Um die Seerosenblüten zu formen, wird eine pinkfarbene Fimo-Kugel mit rosafarbenem Fimo ummantelt und darum nochmals weiße Blütenkelche gelegt. Die Seerosenblätter sind flach gedrückte Kugeln aus grünem Fimo. Setzen Sie die Enten und die Seerosen auf die blaue Teichfläche. Um die grünen Blätter der Halme herzustellen, rollen Sie grünes Fimo dünn aus, schneiden es in einen 1 cm und in einen 2 cm breiten Streifen und schneiden eine Seite des Streifens kammartig ein. Nun werden aus den Streifen je zwei 2 cm lange Stücke ausgeschnitten und zu Büscheln gedreht. Die Blüten, die auf die Büschel gesetzt werden, werden aus einem dünnen, 3 cm langen braunen Fimo-Streifen gefertigt, der zur Hälfte mit hellbraunem Fimo ummantelt wird.

Das Backen des Fimo-Motivs, das Zusammenfügen und Füllen der Kugel erfolgt gemäß der Grundanleitung.

Herzrose

Material:

- 1 runde Schneekugel, Ø 70 mm, 74 mm hoch, roter Boden
- Fimo in Weiß, Moosgrün, Rot und Schwarz
- Perlmuttglitter
- 1 Tropfen Spülmittel
- Gemisch aus destilliertem Wasser und Konservierungsmittel

Anleitung:

Stellen Sie die Grundplatte in einer Stärke von 2-3 mm aus weißem Fimo her. Rollen Sie für die Vase schwarzes Fimo ca. 1 mm dick aus und schneiden Sie einen Streifen von ca. 1,5 cm Breite und 3 cm Länge ab. Formen Sie diesen zu einer Röhre und verschließen Sie eines der Enden mit einer runden Platte aus schwarzem Fimo. Der Stiel der Rose besteht aus einer dünnen Rolle aus moosgrünem Fimo, der Blütenkelch und das Blatt sind aus flachgedrückten und spitz zulaufend geformten Kugeln aus moosgrünem Fimo modelliert. Um die Blüte zu gestalten, drücken Sie kleine Kugeln aus rotem Fimo flach und legen die flachen Teile fächerförmig in einem Kreis ineinander. Setzen Sie die Vase in die Mitte der Grundplatte, stellen Sie den Stiel mit den Blättern und dem Blütenkelch in die Vase und bringen Sie im Kelch die Blüte an.

Das Härten der Modelliermasse sowie das Zusammensetzen und Füllen der Kugel nehmen Sie bitte gemäß der Grundanleitung vor.

Sommer

Reisekoffer

Material:

- 1 runde Schneekugel, Ø 90 mm, 75 mm hoch, schwarzer Boden
- Fimo in Gelb, Hellblau, Türkis, Dunkelblau, Beige, Braun, Rot und Schwarz
- Schnee
- 1 Tropfen Spülmittel
- Gemisch aus destilliertem Wasser und Konservierungsmittel

Anleitung:

Die Grundplatte für dieses Motiv wird aus türkisfarbenem Fimo in einer Stärke von 2-3 mm angefertigt. Von einem Block beigefarbenem Fimo wird ein Rechteck abgeschnitten, das den Koffer bildet. Stützen Sie den Koffer mit einer Fimo-Kugel von hinten ab. Für die Herstellung der Lederriemen und den Koffergriff wird braunes Fimo dünn ausgerollt und 2 mm breite Streifen abgeschnitten. Legen Sie die Riemen um den Koffer und bringen Sie oben den Griff an. Für die Riemenschlaufen werden dünne Würste aus hellblauem Fimo verwandt. Bringen Sie den Schriftzug „Gute Reise" aus schwarzem Fimo auf dem Koffer an. Für die Reiseaufkleber wird hellblaues Fimo dünn ausgerollt und darauf etwas rotes und schwarzes Fimo geklebt. Zwei der Aufkleber bestehen aus dunkelblau-gelb marmoriertem Fimo, das entsteht, wenn Sie Streifen beider Farben ineinander drehen.

Härten Sie das Modell gemäß der vorangegangenen Grundanleitung und fügen Sie es nach dieser Anleitung in die Schneekugel ein.

Trauminsel

Material:

- 1 runde Schneekugel, Ø 70 mm, 74 mm hoch, schwarzer Boden
- Fimo in Weiß, Türkis, Hellblau, Rot, Beige, Hellbraun und Braun
- Silberfäden
- 1 Tropfen Spülmittel
- Gemisch aus destilliertem Wasser und Konservierungsmittel

Anleitung:

Fertigen Sie die Grundplatte des Motivs zur Hälfte aus beigefarbenem, zur Hälfte aus hellblauem Fimo an. Um das Schiff zu formen, nehmen Sie eine Kugel braunes Fimo, drücken eine Vertiefung ein und ziehen zwei Enden zu Spitzen zusammen. Stellen Sie aus braunem Fimo eine dünne Wurst her, aus der der Schiffsmast und eine kleine Bank gefertigt wird. Bringen Sie am Mast ein kleines Dreieck aus weißem Fimo an. Der Stamm der Palme besteht aus hellbraunem Fimo. Um die Palmwedel herzustellen, werden Kugeln aus türkisfarbenem Fimo flach gedrückt und in die Länge gezogen, an den Rändern mit einem Messer eingeschnitten und in den Enden auf den Stamm gedrückt. Der Liegestuhl besteht aus einem Streifen rotem Fimo, auf den in Streifen weißes Fimo gelegt wird. Als Stuhlstütze dient eine dünne Rolle aus braunem Fimo. Die Muscheln werden aus beigefarbenen Fimo-Kügelchen geformt, die flachgedrückt, eingerollt und mit Rillen versehen werden. Härten Sie Ihr Fimo-Modell nach den Angaben auf der Fimo-Verpackung und richten Sie sich beim Zusammensetzen und Füllen der Schneekugel nach der vorangegangenen Grundanleitung.

Siesta Mexicana

Material:

- 1 runde Schneekugel, Ø 70 mm, 74 mm hoch, schwarzer Boden
- Fimo in Beige, Moosgrün, Pink, Orange und Schwarz
- Goldfäden
- 1 Tropfen Spülmittel
- Gemisch aus destilliertem Wasser und Konservierungsmittel

Anleitung:

Die Grundplatte dieses Motivs besteht aus beigefarbenem Fimo mit einer Stärke von 2-3 mm. Formen Sie die Kakteen aus moosgrünen Fimo-Rollen und flach gedrückten Kugeln und bohren Sie mit dem Zahnstocher kleine Löcher in das Fimo, um die Stacheln anzudeuten.

Aus pinkfarbenem Fimo können noch Kaktusblüten angesetzt werden. Formen Sie für den Körper des Mexikaners aus beigefarbenem Fimo eine 3-4 cm lange Rolle, legen Sie sie zu einem „S“ und spalten Sie das eine Ende. An das gespaltene Ende setzen Sie zwei kleine schwarze Fimo-Kugeln an, die die Füße bilden. Der Mantel besteht aus einer dünnen Schicht orangefarbenem Fimo, die über den Körper gebreitet wird. Um den Hut herzustellen, wird eine schwarze Kugel aus Fimo flach gedrückt, der Rand hochgebogen und auf die runde Platte ein schwarzer Fimo-Kegel angesetzt. Setzen Sie nun alle Einzelmotive auf die Grundplatte und härten Sie das Motiv entsprechend der Angaben auf der Fimo-Verpackung. Richten Sie sich beim Zusammensetzen der Kugel und dem Füllen nach der Grundanleitung im vorderen Teil dieses Buches.

Schatzsuche

Material:

- 1 runde Schneekugel, Ø 85 mm, 100 mm hoch, weißer Boden
- Fimo in Beige und Braun
- Goldfäden
- alter Modeschmuck
- kleine Muscheln

Anleitung:

Eine besonders schöne Geschenkidee für Tiefseetaucher! Die 2-3 mm starke Grundplatte für dieses Schneekugelmotiv wird aus beigefarbenem Fimo hergestellt. Rollen Sie braunes Fimo ca. 2 mm stark aus und formen Sie daraus die Bodenfläche, die 4 Seitenteile und den gebogenen Deckel. Füllen Sie die Schatztruhe mit den Ketten. Mischen Sie braunes und beigefarbenes Fimo und formen Sie aus der hellbraunen Masse zwei Scharniere für die Rückseite und den Verschluss am Deckel. Setzen Sie die Kiste in die Mitte und drücken Sie die Muscheln in die Fimo-Grundplatte. Beim Härten des Fimo-Motivs sowie dem Zusammensetzen und Füllen der Kugel richten Sie sich bitte nach der Grundanleitung in diesem Buch.

Sonnenblumen

Material:

- 1 runde Schneekugel, Ø 85 mm, 100 mm hoch, weißer Boden
- Fimo in Weiß, Gelb, Moosgrün, Orange, Beige und Schwarz
- Goldfäden
- 1 Tropfen Spülmittel
- Gemisch aus destilliertem Wasser und Konservierungsmittel

Anleitung:

Um die marmorierte Grundplatte herzustellen, drehen Sie eine Rolle weißes und eine Rolle schwarzes Fimo ineinander. Rollen Sie die Platte in einer Stärke von 2-3 mm aus. Um die Vase zu bilden, rollen Sie weißes Fimo dünn aus, schneiden Sie einen ca. 1,5 cm breiten Streifen ab und rollen Sie ihn zu einer Röhre. Schneiden Sie außerdem einen Boden für die Vase aus und setzen Sie ihn an das eine Ende der Röhre. Setzen Sie die weiße Vase in die Mitte der Grundfläche. Um die Blätter zu modellieren, werden 7 Kugeln aus moosgrünem Fimo flach gedrückt, langgezogen und an einem Ende eine Spitze geformt. Mit einem Zahnstocher oder einem Modellierstäbchen wird die Blattmaserung eingeritzt. Formen Sie außerdem zwei dicke Stiele für die Blüten. Die Blüten bilden Sie, indem Sie eine Kugel aus beigefarbenem Fimo flach drücken und darauf als Sonnenblumenkerne kleine Flecken aus schwarzem Fimo setzen. Die Blütenblätter bestehen aus einem Gemisch von orangefarbenem und gelbem Fimo und werden wie die Blumenblätter geformt. Das Härten des Fimos sowie das Zusammensetzen und Füllen der Schneekugel wird nach der vorangegangenen Grundanleitung vorgenommen.

Kürbisse

Material:

- 1 ovale Schneekugel, 70 mm lang, 52 mm breit, weißer Boden
- Fimo in Gelb, Moosgrün, Orange, Braun und Schwarz
- Goldfäden
- 1 Tropfen Spülmittel
- Gemisch aus destilliertem Wasser und Konservierungsmittel

Anleitung:

Die marmorierte Grundplatte dieses herbstlichen Motivs besteht aus braunem und beigefarbenem Fimo, das 2-3 mm dick ausgerollt wird. Formen Sie den orangefarbenen Kürbis aus einer etwas flach gedrückten Kugel und bringen Sie eine Maserung mit einem Modellierstab oder einem Zahnstocher an. Setzen Sie einen orangefarbenen Stängel an. Um den mattgrünen länglichen Kürbis zu modellieren, wird moosgrünes und wenig schwarzes Fimo gemischt, aus der Masse eine Kugel geformt, diese langgezogen, eine Maserung eingeritzt und ein kleiner Stängel angesetzt. Der kleine Kürbis aus gelbem und etwas mattgrünem Fimo wird genauso geformt. Schneiden Sie aus dünn ausgerolltem braunem Fimo ein Ahornblatt aus und arrangieren Sie es zusammen mit den Kürbissen auf der Grundplatte. Richten Sie sich beim Härten sowie dem Zusammenfügen und Füllen der Schneekugel nach der vorangegangenen Grundanleitung.

Winter

Pinguine

Material:
- 1 runde Schneekugel, Ø 107 mm, 80 mm hoch, schwarzer Boden
- Fimo in Weiß, Hellblau, Blau, Orange und Schwarz
- Schnee
- 1 Tropfen Spülmittel
- Gemisch aus destilliertem Wasser und Konservierungsmittel

Anleitung:
Stellen Sie die marmorierte Grundplatte, die 2-3 mm dick sein sollte, aus hellblauem und blauem Fimo her. Kneten Sie das weiße Fimo, rollen Sie es ca. 3 mm dick aus und schneiden Sie einzelne Platten aus, die die Eisschollen darstellen sollen. Um die Pinguine herzustellen, wird eine dickere Rolle aus weißem Fimo geformt. Rollen Sie schwarzes Fimo dünn aus und schneiden Sie ein spitzes gleichschenkliges Dreieck aus, das so hoch wie die weiße Rolle sein sollte. Legen Sie das Dreieck um die weiße Rolle, sodass die Spitze an einer Seite herunter hängt. An der anderen Seite verdicken Sie das schwarze Fimo zu einem Kopf. Setzen Sie einen Schnabel und bei den großen Pinguinen außerdem zwei Flügel aus orangefarbenem Fimo an. Bringen Sie bei den großen Pinguinen außerdem zwei weiße Fimo-Flecken als Augen an. Einer der großen Pinguine erhält zudem Füße aus schwarzem Fimo, bei denen die Krallen mit einem Zahnstocher oder Modellierstab eingeritzt werden. Setzen Sie die Eisschollen auf die Grundfläche und die Pinguine auf die Eisschollen. Härten Sie das Fimo entsprechend der Herstellerangaben und richten Sie sich beim Zusammenfügen und Füllen der Schneekugeln nach der Grundanleitung.

Fischender Eskimo

Material:
- 1 runde Schneekugel, Ø 70 mm, 74 mm hoch, schwarzer Boden
- Fimo in Weiß, Beige, Moosgrün, Braun, Grau und Schwarz
- Schnee
- Bindfaden in Schwarz
- 1 Tropfen Spülmittel
- Gemisch aus destilliertem Wasser und Konservierungsmittel

Anleitung:
Fertigen Sie die Grundplatte aus weißem Fimo an, das 2-3 mm dick ausgerollt wird. Formen Sie aus weißem Fimo eine Kugel als Iglu, die halbiert und auf die Grundplatte gesetzt wird. Mit einem Zahnstocher oder Modellierstäbchen können Sie die einzelnen Eisquader andeuten, aus denen das Iglu besteht. Bohren Sie an einer Seite als Eingang ein Loch und bringen Sie da-

vor ein kleines Tor aus weißem Fimo an. Um den Eskimo zu modellieren, wird eine beigefarbene Kugel, die als Kopf dient, mit schwarzem Fimo zum Teil umhüllt und auf eine grüne Kugel gesetzt. Bringen Sie nun am grünen Oberkörper zwei kleine grüne Ärmel an. Setzen Sie um die schwarze Kapuze und die Ärmel einen Fellbesatz aus beigefarbenem Fimo. Die Hose des Eskimos wird aus schwarzem Fimo modelliert und an diese beigefarbene kleine Kügelchen als Füße gesetzt. Geben Sie dem Eskimo eine kleine Angelrute aus blauem Fimo in die rechte Hand. Platzieren Sie den kleinen Gesellen auf der Grundplatte auf einem kleinen weißen Fimo-Stück genau vor der Öffnung in der Bodenplatte und lassen Sie die Angelschnur aus schwarzem Bindfaden dort hineinhängen. Legen Sie neben das Loch einen Fisch aus grauem Fimo. Härten Sie das Fimo und fügen Sie die Kugel nach der Grundanleitung in diesem Buch zusammen.

Wintersport

Material:

- 1 runde Schneekugel, Ø 85 mm, 100 mm hoch, weißer Boden
- Fimo in Weiß, Beige, Hellblau, Orange, Braun und Schwarz
- Schnee
- 1 Tropfen Spülmittel
- Gemisch aus destilliertem Wasser und Konservierungsmittel

Anleitung:

Stellen Sie die Grundplatte aus weißem Fimo her, das Sie zu diesem Zweck in einer Stärke von 2-3 mm ausrollen. Mischen Sie braunes und beigefarbenes Fimo und formen Sie daraus Kugeln, die einen Bergfelsen darstellen sollen. Formen Sie aus weißem Fimo die Schneepiste und setzen Sie sie auf das braune Gestein. Ei-

ne beigefarbene Fimo-Kugel bildet den Kopf des kleinen Sportlers. Zur Hälfte wird diese Kugel mit einer Schicht aus schwarzem Fimo bedeckt, die die Mütze bildet. Eine Kugel orangefarbener Modelliermasse wird flach gedrückt, oben und unten abgeflacht und rechts und links mit einem Messer Arme angedeutet. Darauf wird der Kopf gesetzt. An dem orangefarbenen Pullover werden nun zwei kurze schwarze Fimo-Rollen als Beine angebracht. Als Füße dienen zwei langgezogene beigefarbene Fimo-Kugeln. Rollen Sie hellblaues Fimo dünn aus und schneiden Sie daraus das Snowboard aus. Versehen Sie nun die Mütze des Sportlers mit den Zipfeln aus schwarzem Fimo und den Quasten aus orangefarbenem Fimo und setzen Sie ihm eine schwarze Skibrille auf. Befestigen Sie nun das blaue Snowboard auf dem Hang und die Figur auf dem Brett und bringen Sie abschließend noch schwarze Riemen an den Füßen an. Härten Sie das Fimo entsprechend der Hinweise des Fimo-Herstellers und richten Sie sich beim Zusammensetzen und Füllen der Kugel nach der Grundanleitung in diesem Buch.

Weihnachten

Material:

- 1 runde Schneekugel, Ø 107 mm, 80 mm hoch, schwarzer Boden
- Fimo in Gelb, Türkis, Hellblau, Blau, Rot, Beige und Braun
- Dekorsternchen in Gold
- Kunststoffkette in Gold
- Kunststoffperlen in Rot
- 1 Tropfen Spülmittel
- Gemisch aus destilliertem Wasser und Konservierungsmittel

Anleitung:

Fertigen Sie eine Grundplatte aus beigefarbenem Fimo mit einer Stärke von 2-3 mm an. Rollen Sie rotes Fimo ca. 1 mm dick aus und schneiden Sie einen Stern aus, der etwa einen Durchmesser von 5 cm hat. Legen Sie ihn auf die Grundfläche und darauf eine Kugel in beliebiger Farbe, die den Ständer für den Weihnachtsbaum bildet. Verwenden Sie für den Baum türkisfarbenes Fimo, das zu einem Kegel geformt wird. Setzen Sie ihn auf die Kugel und drücken Sie ihn an. Auf dem Baum werden nun die roten Kunststoffkugeln und die goldene Kette angebracht. Setzen Sie auf die Spitze des Baumes einen kleinen Stern aus gelbem Fimo. Um die Päckchen herzustellen, rollen Sie gelbes und blaues Fimo 2 mm dick aus und schneiden Sie kleine Rechtecke aus. Als Paketbänder werden Schnüre aus gelbem, hellblauem und rotem Fimo geformt und um die Päckchen gewunden. Der marmorierte Geschenksack besteht aus beigefarbenem und braunem Fimo. Schneiden Sie einen Block mit einer Stärke von ca. 3 mm aus und drücken Sie eine kürzere Seite zusammen, um die eine beigefarbene Fimo-Schnur gebunden wird. Bringen Sie die Päckchen und den Sack an der Grundfläche an. Richten Sie sich beim Härten des Motivs sowie beim Zusammensetzen und Füllen der Kugel nach der vorangehenden Grundanleitung.

Zu besonderen Anlässen

Geburtstag

Material:

- 1 runde Schneekugel, Ø 85 mm, 100 mm hoch, weißer Boden
- Fimo in Weiß, Gelb, Grün, Rot, Grau und Schwarz
- Perlmuttglitter
- 1 Tropfen Spülmittel
- Gemisch aus destilliertem Wasser und Konservierungsmittel

Anleitung:

Stellen Sie die Grundplatte für dieses Tortenmotiv aus grauen Fimo her, das zu diesem Zweck in einer Stärke von 2-3 mm ausgerollt wird. Rollen Sie schwarzes Fimo etwa ebenso dick aus und schneiden Sie einen Kreis mit einem Durchmesser von ca. 6 cm aus. Legen Sie diese runde schwarze Fläche als Tortenplatte auf die Grundfläche. Weißes Fimo wird nun 3-4 mm dick ausgerollt und daraus ein Kreis mit ca. 5 cm und 4 cm ausgeschnitten. Setzen Sie den größeren weißen Kreis auf die schwarze Fläche und darauf den kleineren Kreis. Die weiße Torte wird nun mit einer Kerze aus rotem und gelbem Fimo, zwei Rosen und roten Kordeln verziert. Um die Rosen herzustellen, drücken Sie kleine Kugeln aus rotem Fimo flach und legen die Blütenblätter ineinander. Die grünen Blätter werden auch aus kleinen Fimo-Kugeln gebildet, die flach gedrückt und an einer Seite spitz zulaufend geformt werden. Mit einem Modellierstab können Sie die Blattmaserung ergänzen. Die roten Kordeln werden aus ganz dünnen Fimo-Schnüren gefertigt, die ineinander gedreht werden. Härten Sie anschließend Ihr Fimo-Motiv im Backofen wie es der Hersteller auf der Fimo-Verpackung angibt und richten Sie sich beim Zusammenfügen und Füllen der Kugel nach der vorgenannten Grundanleitung.

Führerschein

Material:
- 1 runde Schneekugel, Ø 70 mm, 74 mm hoch, schwarzer Boden
- Fimo in Weiß, Rot, Beige, Braun, Grau und Schwarz
- Goldfäden
- 1 Tropfen Spülmittel
- Gemisch aus destilliertem Wasser und Konservierungsmittel

Anleitung:

Mischen Sie, um die 2-3 mm dicke Bodenplatte herzustellen, beigefarbenes mit braunem Fimo. Formen Sie aus einer Kugel rotem Fimo das Auto, indem Sie eine Seite als Standfläche abflachen und die Seiten lang ziehen. Flachen Sie 4 schwarze Fimo-Kugeln etwas ab und bringen Sie sie am Auto als Reifen an. Als Radkappen werden kleine graue Fimo-Kugeln flach gedrückt und auf die schwarzen Reifen gesetzt. Die Fenster des Autos bestehen aus flachen Fimo-Teilen. Eine ca. 1 cm lange Fimo-Rolle dient als hinteres Schutzblech. Darauf werden kleine rote Kugeln als Rücklichter gesetzt. Bringen Sie vorne weiße Kugeln als Scheinwerfer an. Härten Sie das Fimo entsprechend der Angaben auf der Fimo-Verpackung und richten Sie sich beim Zusammensetzen und Füllen der Kugel nach der vorangehenden Grundanleitung.

Ruhestand

Material:

- 1 runde Schneekugel, Ø 107 mm, 80 mm hoch, schwarzer Boden
- Fimo in Weiß, Dunkelblau, Rot, Beige, Braun, Grau und Schwarz
- bunter Glitter
- 1 Tropfen Spülmittel
- Gemisch aus destilliertem Wasser und Konservierungsmittel

Anleitung:

Eine Grundplatte mit einer Stärke von 2-3 mm wird aus beigefarbenem Fimo hergestellt. Rollen Sie für das Sofa dunkelblaues Fimo ca. 3-4 mm dick aus und schneiden Sie zwei Quadrate als Seitenlehnen, eine rechteckige Bodenfläche und eine Rückenlehne aus. Runden Sie die Außenkanten der Sofateile ab und biegen Sie die Seitenlehnen etwas um. Aus rotem Fimo wird ein kleines Kissen geformt.

Zur Herstellung des Vorlegers rollen Sie dunkelblaues Fimo ca. 1 mm dick aus und schneiden Sie ein kleines Oval aus. Legen Sie darum eine Schnur aus weißem Fimo, die ebenfalls nur 1 mm dick ist und legen Sie um diese eine Schnur aus rotem Fimo gleicher Dicke. Schichten Sie drei oder vier ganz dünne Schichten weißer Modelliermasse als Buch übereinander und deuten Sie mit schwarzem Fimo eine Aufschrift an. Die Pantoffeln bestehen aus grauem Fimo und einem flachen Oval aus schwarzem Fimo, das die Sohle bildet. Der Kopf des Pensionärs ist eine beigefarbene Fimokugel, den Oberkörper bilden eine weiße Fimo-Kugel für Brust und Bauch und zwei weiße Fimo-Rollen für die Arme. Als Hände werden zwei kleine beigefarbene Kugeln angesetzt. Die Hose und das Tischchen bestehen aus Fimo, das aus beigefarbenem und braunem Fimo gemischt wird. Um die Hose herzustellen, wird Fimo ausgerollt und anschließend zwei Röhren geformt. Setzen Sie diese am Rumpf an und befestigen Sie zwei beigefarbene Kugeln als Füße. Legen Sie den Opa auf das Sofa und ergänzen Sie den Haarkranz, die Augenbrauen und den Schnauzbart aus grauweißem Fimo. Die Augen werden mit einem Zahnstocher angedeutet. Modellieren Sie den Katzenleib aus schwarzem, Ohren und

Schwanz der Katze aus grauschwarzem Fimo. Schneiden Sie einen 1-2 mm dicken Fimo-Streifen aus und biegen Sie ihn zu einem Tischchen zurecht. Die darauf stehende Tasse besteht aus weißem Fimo, die Brille aus einer schwarzen Fimo-Schnur. Beim Härten der Modelliermasse und dem Zusammensetzen der Kugel beachten Sie bitte die Grundanleitung in diesem Buch.

Theater

Material:

- 1 ovale Schneekugel, 70 mm lang, 52 mm breit, schwarzer Boden
- Fimo in Weiß, Gelb, Rot und Grau
- bunter Glitter
- 1 Tropfen Spülmittel
- Gemisch aus destilliertem Wasser und Konservierungsmittel

Anleitung:

Die Grundplatte mit einer Stärke von 2-3 mm wird aus grauem Fimo ausgeschnitten. Zur Herstellung der Bühne wird marmoriertes Fimo aus weißer und grauer Modelliermasse verwandt. Rollen Sie das marmorierte Fimo ca. 2 mm dick aus und schneiden Sie ein ca. 1 cm breites und 2 cm langes Rechteck für den Bühnenboden aus. Formen Sie aus der marmorierten Masse drei Rollen, aus denen Sie ein Tor bilden. Aus zwei kurzen Streifen Fimo wird eine kleine Bühnentreppe gebildet. Um den Vorhang zu modellieren, benötigen Sie rotes Fimo, das 1 mm dick ausgerollt wird. Schneiden Sie die obere Vorhangborte und die Vorhänge aus und raffen Sie letztere etwas. Die Kordel, die auf der Borte liegt, besteht aus zwei ganz dünnen gelben Fimo-Bändern, die ineinander gedreht werden. Die Quasten an der Kordel werden aus kleinen Dreiecken gefertigt, die an einer Seite mehrfach eingeschnitten werden. Das Härten Ihres Fimo-Modells sowie das Zusammenfügen und das Füllen der Kugel wird in der Grundanleitung im Vorderteil dieses Buches erläutert.

Klavierkonzert

Material:
- 1 ovale Schneekugel, 70 mm lang, 52 mm breit, weißer Boden
- Fimo in Weiß, Rot, Beige, Braun und Schwarz
- Dekorsternchen in Gold
- 1 Tropfen Spülmittel
- Gemisch aus destilliertem Wasser und Konservierungsmittel

Anleitung:

Die Grundplatte mit einer Stärke von 2-3 mm wird aus beigefarbenem Fimo ausgeschnitten. Um den Konzertflügel zu modellieren, benötigen Sie zunächst eine Platte aus braunem Fimo, die ca. 2-3 mm dick ist. Schneiden Sie daraus den Klavierkasten aus und runden Sie ihn an den Außenkanten ab. Formen Sie die drei quaderförmigen Beine des Flügels und die zwei Beine des Schemels ebenfalls aus braunem Fimo. Für die Tastatur und die Sitzfläche des Schemels wird das braune Fimo 1 mm dick ausgerollt und ein Rechteck in der Breite des Klavierkastens und ein etwas kürzeres Rechteck ausgeschnitten. Setzen Sie die braune Tastaturfläche an den Klavierkasten an, legen Sie darauf eine dünne Schicht weißes Fimo und deuten Sie mit einem Zahnstocher die Tasten an. Legen Sie darauf kurze schwarze Fimo-Streifen als schwarze Tasten. Setzen Sie an die Ränder der Tastatur kleine Dreiecke aus braunem Fimo. Fertigen Sie einen Notenständer aus braunem Fimo an, der ca. 2 mm dick ist und bringen Sie ihn auf dem Flügel an. Legen Sie darauf als Notenheft ein dünnes Rechteck aus weißem Fimo, in das Sie mit einem Zahnstocher Notenlinien einritzen können. Bauen Sie den Schemel aus den Beinen und der Sitzfläche zusammen und befestigen Sie als Sitzpolster auf dem Sitz eine dünne Schicht aus rotem Fimo. Richten Sie sich beim Härten der Modelliermasse sowie dem Zusammenfügen und Füllen der Kugel nach der Grundanleitung.

ENGLISCH VERLAG Bücher für Kreative

ISBN 3-8241-0818-6
Broschur, 64 Seiten

ISBN 3-8241-0797-X
Broschur, 32 Seiten

ISBN 3-8241-0897-6
Broschur, 32 Seiten

ISBN 3-8241-0686-8
Broschur, 64 Seiten

ISBN 3-8241-0796-1
Broschur, 64 Seiten

Lust auf Mehr?

Liebe Leserin, lieber Leser,

natürlich haben wir noch viele andere Bücher im Programm. Gerne senden wir Ihnen unser Gesamtverzeichnis zu. Auch auf Ihre Anregungen und Vorschläge sind wir gespannt. Rufen Sie uns einfach an oder schreiben Sie uns.

Englisch Verlag GmbH
Postfach 2309 · 65013 Wiesbaden
Telefon 0611/94272 - 0 · Fax 0611/9427230
E-Mail englisch@englisch-verlag.de
Internet http://www.englisch-verlag.de